Je m'appelle Ursula, j'adore la musique et la danse. Je suis spontanée et très sensible, j'ai tendance à rêvasser.

FLEURUS

Direction générale : Guillaume Pô
Direction éditoriale : Sarah Malherbe
Édition : Anna Guével
Conception graphique : Mathilde Dufau
Direction de fabrication : Thierry Dubus
Fabrication : Florence Bellot


ISBN : 978-2-2151-6545-3 • MDS : FS65453 • 
« Loi n°49-956 du 16 juillet 1949 sur les publications destinées à la jeunesse, modifiée par la loi n°2011-525 du 17 mai 2011 »
Achevé d'imprimer en mars 2021 par Interak en Pologne.
Numéro d'édition : J21140 • Dépôt légal : avril 2021

FSC www.fsc.org MIXTE Papier issu de sources responsables FSC® C015559

CET OUVRAGE EST IMPRIMÉ GRÂCE À DES ENCRES VÉGÉTALES, GARANTISSANT LA DÉMARCHE DE DÉVELOPPEMENT DURABLE DE L'ÉDITEUR ET DE L'IMPRIMEUR.

Emmanuelle Lepetit • Katherine Kuehne

# UNE LEÇON D'AMITIÉ

FLEURUS

Cela fait bientôt deux mois que Daphné et sa copine Avril suivent le cours de danse de madame Odette. Elles font des progrès.

Seulement, aujourd'hui, lors de l'entraînement à la barre, Daphné en a un peu assez.

– Demi-plié, tendu, première position… Demi-plié, tendu, deuxième position… scande la professeure.

– Rôôôh, c'est toujours la même chose ! râle la fillette en gigotant face au miroir.

– Attention, Daphné, il ne faut pas décoller les talons quand tu plies. Concentre-toi ! la reprend madame Odette.

Mais Daphné a vraiment la bougeotte. Au moment d'enchaîner les pliés avec les pas chassés au milieu de la salle, elle glisse à Avril :

– Hé, regarde-moi, je vais improviser un développé !

– C'est quoi ? chuchote Avril derrière ses lunettes, en exécutant un parfait demi-plié.

– C'est quand tu lances ta jambe très haut comme ça !

Hélas ! Daphné manque encore un peu d'équilibre : le poids de sa jambe l'entraîne en arrière et elle part s'affaler… dans les bras d'Olympe, qui heureusement les a tendus juste à temps.

– Tu t'es trompée d'endroit. Ici, ce n'est pas la cour de récré ! siffle la meilleure danseuse du cours, en la relâchant aussitôt.

Assise sur son derrière, Daphné se sent humiliée.
– Et ne dis surtout pas merci. Sans moi, tu aurais pu te faire super mal, tu sais ? ajoute Olympe avant de s'éloigner d'un gracieux pas chassé.

Au vestiaire, après le cours, Daphné fait la tête. Non seulement elle s'est ridiculisée devant la classe tout entière, mais en plus madame Odette l'a réprimandée.
« Il faut que tu sois patiente, Daphné. Tu dois d'abord travailler ton équilibre avec des figures simples avant de pouvoir tenter des mouvements plus compliqués », lui a-t-elle dit.
– Finalement, c'est nul la danse. Je vais arrêter ! grogne Daphné en arrachant son collant.
– Ah ça, non, pas question ! proteste Avril. C'est toi qui m'as dit que c'était génial et qu'il fallait que je vienne en faire avec toi. Alors, tu ne vas pas me laisser tomber : on va s'entraîner et tu vas réussir !
En face des deux filles, une blondinette à bouclettes les observe attentivement. Elle aimerait bien leur parler, mais ce n'est sans doute pas le bon moment...

Le samedi suivant, c'est répétition chez Daphné. Avril est bien décidée à motiver sa copine. Même Antonin, qui danse aussi dans le cours de madame Odette, est venu aider Daphné à s'entraîner. Il lui explique qu'elle doit plier les jambes sans bouger, comme si elle était une statue.

– Et si je te lance un oreiller ? Je parie que tu vas tomber ! rigole Daphné, qui a décidément bien du mal à se concentrer. La séance de danse dégénère vite en bataille de polochons.

– Allez, oust, on descend au square, finit par annoncer le père de Daphné.

Mais une fois dehors, Daphné n'a plus le cœur à s'amuser.
– Ce n'est pas en faisant des acrobaties dans l'araignée du square que je vais faire des progrès en danse, réalise-t-elle.

– Peut-être pas dans l'araignée, mais ici, qu'est-ce que t'en dis ? l'interpelle une voix flûtée.

En se retournant, Daphné, Avril et Antonin découvrent une blondinette juchée sur un tronc du parcours d'équilibre : doucement, elle plie les genoux, arrondit les bras, sans tomber, ni même tanguer.

– Wouah, ça c'est amusant ! s'enthousiasme Daphné.

Les trois amis ont vite fait de la rejoindre sur son piédestal. Côte à côte, ils enchaînent les demi-pliés. Au début, Daphné tombe plusieurs fois…

Mais au bout d'un moment :

– Ça y est, j'y arrive ! J'ai compris, il faut juste penser que mes pieds sont collés au tronc !

– Et utiliser tes bras, comme un funambule, pour garder ton équilibre, ajoute sa voisine. Au fait, je m'appelle Ursula...

– Oh, mais je te reconnais : tu es au cours de danse avec nous ! la dévisage Daphné.

– Oui, je n'avais pas encore osé vous parler, murmure Ursula en rougissant.

Le jeudi suivant, devant la barre du studio de danse, Daphné se concentre. Doucement, elle plie et déplie ses jambes, tend et détend ses bras, les pieds ancrés dans le sol.
Madame Odette ne tarde pas à remarquer le changement.
– Excellent, Daphné ! Tu as fait de grands progrès en une semaine. Pour te récompenser, je te propose une nouvelle figure : le grand plié. Descends tout en bas en décollant peu à peu les talons du sol. Arrondis le bras devant toi et essaye de lâcher la barre tout en gardant l'équilibre.
Daphné s'exécute, mais bascule aussitôt vers l'avant : badaboum !
Seulement, cette fois, elle se relève avec le sourire :
– Ce n'est pas grave. Je vais m'entraîner avec mes amis, et la semaine prochaine, ça ira mieux !

Je m'appelle madame Odette,
je suis une ancienne danseuse étoile
de l'Opéra. Aujourd'hui, je suis professeure
de danse. J'aime faire cours à des jeunes
de tous niveaux et mettre en lumière
le talent de chaque danseur en herbe !

Je m'appelle monsieur Sigfrid, je joue
du piano pendant les cours de danse.
Silencieux et un peu mystérieux, je peux
faire un peu peur aux enfants,
mais les fasciner en même temps !